职工数字素养提升50问

姚建明◎主编

中国工人出版社

图书在版编目（CIP）数据

职工数字素养提升50问 / 姚建明主编. —北京：中国工人出版社，2024.4
ISBN 978-7-5008-8363-0

Ⅰ. ①职…　Ⅱ. ①姚…　Ⅲ. ①数字技术－信息素养－问题解答
Ⅳ. ①G254.97-44

中国国家版本馆CIP数据核字（2024）第078338号

职工数字素养提升50问

出 版 人　董　宽
责任编辑　丁洋洋
责任校对　张　彦
责任印制　栾征宇
出版发行　中国工人出版社
地　　址　北京市东城区鼓楼外大街45号　邮编：100120
网　　址　http://www.wp-china.com
电　　话　（010）62005043（总编室）
（010）62005039（印制管理中心）
（010）62379038（职工教育编辑室）
发行热线　（010）82029051　62383056
经　　销　各地书店
印　　刷　北京市密东印刷有限公司
开　　本　787毫米×1092毫米　1/32
印　　张　5
字　　数　56千字
版　　次　2024年5月第1版　2025年11月第3次印刷
定　　价　20.00元

目录

CONTENTS

第一部分 认识数字化与数字技术

01 为什么说数字化时代已经来临？…………3
02 国家为什么要大力发展数字经济？………6
03 数字化给我们带来哪些机遇与挑战？……9
04 必须了解的数字技术有哪些？……………12
05 大数据的主要作用是什么？………………16
06 云计算和区块链的主要作用是什么？……20
07 5G、物联网的主要作用是什么？………23
08 人工智能（AI）、大模型的主要作用是什么？……………………………………………26
09 为什么未来是人工智能时代？……………29
10 数据要素市场化能带来什么价值？………32

第二部分 数字化赋能产业发展

11 是否每个企业都需要数字化转型? …… 37

12 智能化、智慧化和自动化有什么区别? …… 39

13 智能制造如何实现? …… 41

14 黑灯工厂离我们有多远? …… 43

15 数字孪生有什么价值? …… 45

16 元宇宙在工业领域中如何运用? …… 48

17 国家为什么要大力扶持工业机器人? …… 51

18 为什么要发展工业互联网? …… 53

19 ChatGPT 等大模型在工业领域有什么作用? …… 57

20 数字化转型有什么关键要领? …… 60

第三部分 提高数字素养、做创新人才

21 数字人才为什么是未来国家紧缺人才？ ······ 65

22 提升数字素养为什么对发展新质生产力至关重要？ ······ 68

23 提升数字素养要从哪些方面入手？ ······ 71

24 数字化思维和习惯的核心要领是什么？ ······ 74

25 数字化时代下怎样培育和弘扬工匠精神？ ······ 76

26 提升数字化分析和决策能力需要哪些技能？ ······ 78

27 数字化沟通与协作需要处理好什么问题？ ······ 80

28 工作中如何挖掘有价值的数据？ ······ 83

29 如何用好数字化社交平台与媒体？ ······ 85

30 为什么要加强网络和信息安全意识、提升数字合规素养？ …… 88
31 智能终端等日常数字化设备在工作中能够带来哪些价值？ …… 92
32 怎样才能在提升数字素养中不断创新？ …… 95

第四部分 数字技能提升工作效率

33 工作中有哪些常用的数字化设备、设施和系统？ …… 101
34 用好数字化设备和系统的关键是什么？ …… 103
35 工作中有哪些主要数据需要关注和准确记录？ …… 106
36 实现跨部门数据协同的核心要领是什么？ …… 109
37 如何与供应商或客户数据共享？ …… 112

38 怎样通过数字化预警应对突发情况？ …… 115
39 数字化如何赋能流程优化？ …… 117
40 产品开发和设计的数字化如何实现？ …… 119
41 数字化采购和数字化招投标需要注意什么？ …… 121
42 生产数字化的核心要领是什么？ …… 124
43 智慧物流需要关注什么问题？ …… 126
44 数字化库存和仓储管理的关键要领是什么？ …… 128
45 如何做好数字营销？ …… 131
46 怎样用好财会机器人（RPA）并做好数字化审计？ …… 134
47 进行数字化管控必须做好哪些事情？ …… 137
48 数字化办公（OA）系统会带来什么价值？ …… 140
49 数字化在企业文化建设中发挥哪些重要作用？ …… 143

50 实现数字化人员管理的关键是什么？ ······ 145

后 记 ······ 148

第一部分

认识数字化与数字技术

01 为什么说数字化时代已经来临？

数字化时代的来临是科技进步和社会需求演变的自然结果。随着互联网、大数据、云计算、人工智能、区块链、物联网等新一代信息技术的快速发展，数字化正变得越来越普遍，深入经济、政治、文化、社会及生态文明建设的各个领域和全过程中。这些技术的融合带来了新的理念、业态和模式，对人类生产生活方式产生了广泛而深刻的影响。在历史的长河中，数字化的发展可以视作一系列工业革命的延续和升华。第一次工业革命引入了机械化生产方式，第二次工业革命开启了电气化时代，第三次工业革命带来了信息化进程。现在，第四次工业革命，或称为数字化时代，正标志着从信息化到数字化的转变。在这个时代中，技术的每一次飞跃都极大地推动了社会生产力的发展和社会结构的变革。数字化不仅仅是技术上的进步，更是经济和社会运行方式的根本改变。互联网的广泛应用、移动通信的快速发展、大数据的深入挖掘、人工智能的普及应用，以及区块链等新技术的创新使用，共同推动了这一变革。

数字化时代的特征包括数据的广泛利用、信息流通的高速化、知识和创新的快速迭代，以及数字技术在各行各业中的深入应用等。这些变化为经济发展提供了新的动力，也为社会治理和文化传播带来了新的手段。然而，数字化进程也面临挑战。如何处理好数据安全和个人隐私保护、如何缩小数字鸿沟、如何确保数字经济的可持续发展等问题，都是需要解决的关键问题。同时，在数字化转型过程中，旧的行业和职业可能会受到冲击，新的业态和职业将会产生，这要求社会各界对于数字化时代的到来有充分的准备，进而快速适应该环境。

总的来说，数字化时代的到来是历史发展的必然趋势。它既带来了前所未有的机遇，也带来了挑战。我们需要深入理解数字化的深远影响，积极参与数字化转型，共同推动建设一个更加开放、包容、创新的数字世界。

02 国家为什么要大力发展数字经济？

国务院《“十四五”数字经济发展规划》指出，数字经济是继农业经济、工业经济之后的主要经济形态，是以数据资源为关键要素，以现代信息网络为主要载体，以信息通信技术融合应用、全要素数字化转型为重要推动力，促进公平与效率更加统一的新经济形态。简单来讲，“数字经济”由“数字”和“经济”二者组成。“数字”是数字技术的简称，主要包括数据技术、网络技术和计算技术；“经济”是经济活动的简称，经济活动是“创造价值”的活动。因此，数字经济是用数字技术支撑（赋能）的创造价值的活动。

党的二十大报告指出，数字经济是国家经济社会发展的新引擎，具有重要的战略意义和价值。例如，发展数字经济可以推动经济社会的高质量发展，数字经济具有高创新性、强渗透性、广覆盖性，不仅是新的经济增长点，而且是传统产业转型升级的重要支点，是构建现代化产业体系的重要引擎。发展数字经济有利于发展新质生产力，推动产业结构优化升级，加快新旧动能转换，推动经济社会全面高质量发展；发展数字经济可以提升国家竞争力，在全球化和信息化的背景下，数字经济已经成为国际竞争的新领域。发展数字经济有助于提升国家在全球竞争中的地位和影响力，增强国家竞争力；发展数字经济可以满足人民日益增长的美好生活需要，随着人们生活水平的提高，对于高品质、个性化的产品和服务需求不断增加。发展数字经济可以满足人们对于便捷、高效、个性化的服务需求，提高人民的生活质量和幸福感；发展数字经济可以促进创新创业，数字经济为创新创业提供了更加广阔的舞台。通过数字平台和数据要素，人们可以更方便地进行创新资源的整合和分享，降低创新创业的成本和风险，促进创新创业的发展；发展数字经济可以推动可持续发展，数字经济具有资源消耗低、环境污染少等优势，有助于推动可持续发展。同时，数字经济还可以促进资源的优化配置和高效利用，提高资源利用效率，实现经济的绿色可持续发展等。因此，数字经济对国家发展至关重要。

03 数字化给我们带来哪些机遇与挑战？

数字化给我们带来的机遇与挑战构成了当前经济社会发展的双重面貌。它不仅重塑了经济结构，加速了创新进程，还深刻影响了社会生活的方方面面。

在机遇方面，数字化将推动经济、政治、文化、社会、生态文明建设等各方面的发展和创新。例如，在数字技术（如云计算、大数据、人工智能和物联网等）赋能下，传统行业可以更好地实现转型升级，同时也可以催生一系列新产业和新业态。这些新兴领域不仅给社会提供了丰富的经济活动，也创造了大量的就业机会。如传统交通基建＋文旅、康养等。再如，数字化在提高生活质量方面发挥了重要作用。它使得民生、教育、医疗、娱乐等服务更加便捷、高效，为公众提供了更加个性化和多样化的选择。还有，数字化极大提高了政府治理的效率和透明度，促进了公共服务的优化和创新，增强了社会管理的科学性和精准性等。

另一方面，数字化的发展同样带来了挑战。如近年来，数据安全和隐私保护等问题成为关注焦点。随着个人和机构数据量的激增，如何有效保护这些信息不被非法获取和滥用成为重要议题。同时，数字鸿沟的存在可能加剧社会不平等，技术获取和使用的差异可能导致资源分配不均，拉大了城乡、区域和社会各阶层之间的差距等。此外，数字化对传统行业和就业的冲击也不容忽视，自动化和智能化设备的推进可能导致传统岗位的减少，对劳动市场造成压力，要求劳动者提升技能以适应新的工作要求。面对这些挑战，需要采取有效措施来应对。如在数据安全和隐私保护方面，需建立健全法律法规体系和技术防护机制。在缩小数字鸿沟方面，政府和社会各界需共同努力，提高数字基础设施的普及率，加大对边远地区和弱势群体的支持力度，提升公众的数字素养和技能。

传统行业和就业面对数字化的冲击，需要通过教育培训、产业升级和政策支持等手段，促进劳动力转型和产业结构调整等举措进行化解。

总之，数字化带来的机遇与挑战并存，它不仅为社会发展开辟了新的路径，也对现有的经济、社会结构和治理模式提出了新的要求。只有全面深入理解这一趋势，并采取有效的措施应对挑战，才能在数字化浪潮中实现可持续发展。

04 必须了解的数字技术有哪些?

在数字化时代，理解和掌握关键的数字技术是至关重要的，这些数字技术不仅推动经济增长和创新，而且深刻改变着社会结构和个人生活方式。从组织运营到日常生活，数字技术都在提供新的机遇，同时也带来挑战和变革。以下是一些常见的数字技术，这些构成了数字化时代的技术支柱，并在未来发展中扮演关键角色。

大数据。大数据处理和分析技术涉及从各种来源收集到的庞大和复杂的数据集。通过大数据分析可以更好地揭示自然规律、社会规律以及人类行为等，对于合理决策和预测而言具有重要的价值。如对市场趋势的分析、消费者行为的预测、疾病传播规律的把握等均离不开大数据处理和分析技术的支持。大数据技术能处理结构化数据（如数据库中的数据）和非结构化数据（如网络言论、社交媒体留言等），为各类决策提供数据支持。

云计算。云计算允许用户通过网络访问存储在远程服务器上的资源和服务。它包括基础设施即服务（IaaS）、平台即服务（PaaS）和软件即服务（SaaS）等模式。云计算使企业能够避免前期的大规模资本支出，通过按需付费模式获得必要的计算资源，促进了资源的灵活性和可扩展性。

区块链。区块链技术主要提供了一种安全、去中心化的数据记录方法。它可以通过连锁的数据块记录信息，并通过加密措施保证数据的安全性。区块链技术在加密货币、供应链管理、智能合约等领域具有变革性的应用潜力，在有效提高数据的透明度、减少欺诈行为、降低交易成本等方面具有重要价值。

5G。5G 是第 5 代通信技术的简称。它不仅能提供比 4G 更快的数据下载和上传速度，还特别支持设备间的实时通信。5G 能够支持大量设备同时连接到网络，实现无缝交互，推动物联网（IoT）设备的广泛应用。这些特点对于自动驾驶汽车、远程医疗服务、智能城市、智能制造等领域的发展至关重要。

物联网（IoT）。物联网指的是物体（如建筑物、设备、车辆、家用电器、人等）通过传感器和软件等技术相互连接并交换数据的网络。通过 IoT 的发展，智能家居、智能制造、智慧园区、智能城市等各种场景的数据获取、挖掘和传递等成为可能，给各行各业带来重要的价值，如优化产品性能、提高能源效率、增强用户体验等。

人工智能（AI）。人工智能模拟人类智能过程，通过算法和机器学习使计算机系统执行任务，如学习、推理和自我修正等。AI 的应用领域较多，包括语音识别、图像分析、视频分析、自然语言处理等。随着 AI 技术的发展、数据的积累，其在民生、金融、医疗、教育、文旅等多个行业得到广泛应用。

大模型。大模型是 AI 的一种形式，它使用大量的数据来训练深度学习模型，以生成复杂的模式并进行预测。例如，通过 GPT（生成式预训练）和 BERT（双向编码器表示法）等模型能够更好地处理语言理解和生成任务，推动自然语言处理技术的发展。大模型的进步不仅在文本生成方面表现出色，还在图像识别、视频处理、科学研究等领域展现了其潜力。

当然，数字技术远不止上述这些技术，数字技术正塑造着数字化时代的发展轨迹，它们影响了经济社会结构和人们的生产生活方式。对数字技术的深入理解和应用能力将决定个人和组织在未来社会中的竞争力和创新能力。随着技术的进步和融合发展，更多的场景创新应用将会涌现，在加速数字化转型步伐的同时也促进了技术的发展。因此，我们需要对技术的发展不断了解、学习和创新。

05 大数据的主要作用是什么？

大数据的主要作用体现在它对海量数据的处理上，能够揭示隐藏在数据背后的模式、趋势和关联性，为决策提供科学依据。这种能力在商业策略、政府管理、科研创新等多个领域发挥着至关重要的作用。

如在商业领域，大数据技术使企业能够从客户行为、市场交易和社交媒体动态中提取洞察力，从而更精准地了解市场需求和消费者偏好。这有助于企业制定更有效的市场定位策略、优化产品设计、改进客户服务并实现个性化营销。例如，通过分析消费者购买行为和在线互动，企业可以推出定制化的产品推荐和促销活动，提高销售效率和顾客满意度。此外，大数据还可以优化供应链管理，通过实时追踪货物流动，预测需求变化，减少库存积压，降低运营成本等。

在公共管理领域，大数据的应用可以帮

助政府机构提升决策效率和精准性。政府部门通过分析民众的社交媒体活动、公共记录和其他数据，可以更好地理解公众需求，提高政策制定的相关性和有效性。社会治理、城市管理、交通规划、环境监测、公共安全等方面的完善都得益于大数据分析。例如，通过分析交通流量数据，城市规划者可以优化交通信号系统，缓解拥堵状况；环境保护部门通过监测空气质量数据，可以及时响应污染事件并制定相应政策等。

在学术研究领域，大数据促进了科学发现的速度和质量。大数据技术可以帮助研究人员处理前所未有的大量数据，加速新发现和创新。如在天文学中，大数据帮助分析来自望远镜的海量数据，发现新的天体和宇宙现象。在生物学和遗传学中，大数据用于分析复杂的遗传信息，推动个性化医疗和精准治疗的发展。此外，其在气候科学、地理信息系统、物理学等领域也发挥着重要作用。通过大数据分析，研究人员能够验证理论，发现新的科学规律，加速知识的积累和创新过程。

在社会文化领域，通过分析来自各种渠道的大数据，研究人员和决策者能够更好地理解社会现象和文化趋势，制定更有效的社会政策和文化发展策略。例如，通过分析社交媒体数据，研究者可以追踪和理解公共舆论的变化、政治倾向以及文化趋势，这对于政策制定者、市场营销人员和社会学家来说都是极其宝贵的信息。在教育领域，大数据技术使得个性化学习成为可能。通过分析学生的学习行为和成绩，教育机构可以制定符合每个学生需求和学习速度的教育方案，提高教育效果和学习效率。大数据还可以帮助教育管理者评估教学方法和课程设计的有效性，进一步优化教育资源的配置。

虽然大数据可以带来诸多好处，但也面临着诸如数据隐私、安全和数据质量等挑战，其中数据隐私和安全问题尤为突出。因此，对于个人信息的收集和处理需要严格遵守法律法规，确保数据使用的合法性和伦理性。同时，从海量数据中获取高质量、准确、可靠的信息需要先进的技术和算法，以及严格的数据管理和分析流程。未来，大数据的发展将进一步促进技术创新和应用领域的扩展。随着计算能力的提高，数据采集和分析技术的进步使大数据将在各领域发挥更大的作用，推动社会经济的持续进步和发展。

06 云计算和区块链的主要作用是什么？

云计算是一种通过互联网提供计算资源（如服务器、存储、数据库、网络、软件、分析等）的技术和商业模式。它允许用户按需访问和使用这些资源，从而避免了直接购买、拥有和维护物理服务器和数据中心的成本和复杂性。云计算的主要作用是提供灵活、可扩展的信息技术（IT）资源，支持迅速部署和扩展应用，优化成本效率，并促进创新。

通过云计算，我们可以根据需求快速获取计算能力和存储空间，无须预先投资大量的硬件设备。这不仅降低了企业的资本开支，还提高了运营效率和业务灵活性。云服务的另一个优势是它支持远程工作和协作，员工可以随时随地访问所需的资源和应用程序。此外，云计算还为数据备份、灾难恢复、数据分析和软件开发等提供了强大的支持。

区块链是一种分布式账本技术，它通过

在网络中的多个参与者之间共享和同步数据来工作。每一次数据修改活动（如交易活动等）都在一个称为“区块”的记录中被加密并永久记录，这些区块按顺序链接在一起形成“链”。区块链的核心特点是去中心化、透明性和数据不可篡改性，这些特点使其成为一种安全可靠的记录和验证交易的方式。

区块链的主要作用是提供一种安全、透明、不可篡改的数据记录机制。这使其在金融服务、供应链管理、身份验证、智能合约和版权保护等领域具有广泛的应用。例如，在金融领域，区块链技术可以使交易更加快速和透明，同时减少欺诈和中介成本。在供应链管理中，区块链可以提供商品从生产到消费的全过程跟踪，确保数据的真实性和可靠性，如电子仓单等形式。

综合来看，云计算以其灵活性和成本效益改变了企业的IT资源获取和使用方式，而区块链则以其独特的安全性和透明性为数字交易和数据记录提供了新的可能。两者的结合和协同作用为各行各业的数字化转型提供了强大的技术支撑，推动了创新和效率的提升。

07 5G、物联网的主要作用是什么？

5G 是第五代通信技术的简称。它和物联网（IoT）是两个不同但相关的技术领域，5G 是物联网的关键技术支撑之一，可以更好地支持大规模的物联网部署，连接和协调大量的智能设备，快速传输大量的数据。

5G 的主要作用有以下几点：

更快的数据传输速度。5G 技术可以提供比以前的通信标准更快的数据传输速度，为用户提供更流畅的网络体验。这对于高清视频、虚拟现实（VR）、增强现实（AR）等应用非常重要。

低延迟。5G 网络具有较低的延迟，这意味着数据传输的响应时间更短。这对于需要实时交互的应用，如智慧城市、远程医疗、自动驾驶等至关重要。

更大的网络容量。5G 可以支持更多的设备连接到同一网络，提高了网络的容量，使其更适合并行连接大量物联网设备。

更可靠的连接。5G具有更好的连接稳定性，减少了信号丢失和中断的可能性，提高了通信的可靠性。

物联网通过传感器和互联网络将各种对象（如人、动植物、设备、资源等）之间相互连接，使得我们能够实时获取、收集、共享和分析各种对象的相关数据，其主要作用有以下几点：

智能化和自动化。物联网可以使设备和系统更加智能化和自动化。通过收集和分析数据，系统可以自动做出决策，提高效率和便利性。

实时监测和管理。物联网使得对设备和环境的实时监测和管理成为可能。这对监控健康、安全、能源使用等方面都具有重要的意义。

改善生活质量。物联网应用可以改善人们的生活质量，涉及智能家居、智慧城市等领域。通过自动化和智能控制，人们可以更轻松地管理生活和工作。

创新业务模式。物联网为企业提供了创新的商业机会，可以基于实时数据提供新型产品和服务，从而推动商业模式的创新。

综合来看，5G 和物联网相互配合，可以更好地支持各种智能化和自动化的应用，推动各行业数字化转型，并给各个领域带来了更大的效益。

08 人工智能（AI）、大模型的主要作用是什么？

人工智能（AI）和大模型的作用非常广泛，涵盖了多个领域和方面。

人工智能的主要作用包括：

自然语言处理。AI可以帮助机器理解和处理自然语言，实现智能对话、语音识别、机器翻译等功能，这对于人机交互和信息交流具有重要的意义。

机器学习。AI通过机器学习算法，能够从大量数据中学习并提取出规律和模式，从而实现自动化决策、预测和分类等功能，有助于解决复杂的问题和优化决策过程。

计算机视觉。AI能够应用计算机视觉技术实现图像识别、目标检测、人脸识别等功能，在安防、医疗、交通等领域具有广泛的应用前景。

提升运营效率。AI技术可以帮助企业改善运营流程，通过自然语言处理等方式对知识进行体系化的梳理和归纳，提升运营效率。

增强客户体验。AI技术可以帮助企业建立智能化的客户服务机制，提供更快捷、更准确、更周到的服务，提高客户满意度和忠诚度。

大模型作为AI领域的一个重要组成部分，其主要作用包括：

处理复杂任务。大模型具有更强的处理能力和更复杂的模型结构，能够处理更复杂的任务，并提升性能，如机器翻译、语音识别、文本摘要、情感分析等。

生成创新内容。大模型在生成创新内容方面表现出优秀的性能，例如人设聊天、创作文章等。

个性化与定制化。随着应用场景的多样化，大模型能够根据特定任务和数据进行调整，实现个性化和定制化需求。

产业应用。大模型在多个产业领域有广泛应用，如智能制造、智能交通等，有助于推动产业发展和创新。

总的来说，人工智能和大模型的主要作用在于提高机器的智能水平，改善人类生活和工作的质量，推动科技进步和社会发展。然而，随着技术的不断发展，我们也需要关注其可能带来的挑战和问题，如数据安全、隐私保护、伦理道德等，并积极寻求解决方案。

09 为什么未来是人工智能时代?

未来之所以是人工智能时代，原因有很多：

第一，人工智能具有巨大的潜力来解决复杂问题。随着算法和计算能力的不断提升，人工智能系统已经能够在诸如自然语言处理、图像识别、预测分析等领域达到甚至超越人类的水平。这种能力使得人工智能在医疗、金融、交通、教育等各个行业都有广泛的应用前景，能够极大地提高生产效率和服务质量。

第二，人工智能能够满足现代社会对高效、精准和自动化的需求。在信息爆炸的时代，人们需要处理的数据量日益庞大，而人工智能能够迅速、准确地从海量数据中提取有用信息，为决策提供有力支持。同时，随着物联网、5G 等技术的普及，人工智能将在更多领域实现自动化和智能化，进一步释放人类的生产力。

第三，人工智能是推动社会创新和进步的重要力量。通过机器学习和深度学习等技术，人工智能能够不断自我优化和进步，推动科技领域的创新。同时，人工智能也将催生新的产业和商业模式，为社会经济发展注入新的动力。

第四，随着人工智能技术的普及和成本的降低，越来越多的企业和个人将享受到人工智能带来的便利和效益。这将进一步推动人工智能在各个领域的应用和普及，加速人工智能时代的到来。

第五，许多国家和地区都将人工智能视为未来发展的重要方向，纷纷出台政策扶持人工智能产业的发展。包括资金支持、税收优惠、人才培养等方面的措施，为人工智能的发展提供了良好的环境。根据美国研究公司 Forrester Research 公布的人工智能趋势预测报告，很多企业都将开始通过开源模型来扩展其人工智能实力，同时越来越多的企业将积极投资于人工智能发展。

综上所述，未来是人工智能时代。人工智能将在未来各领域发挥更加重要的作用，成为推动社会进步的重要力量。但人工智能发展也面临着一些挑战和问题，如数据隐私、算法偏见、道德伦理等，因此在推动人工智能发展的同时，也需要不断加强监管与规范，确保其健康可持续地发展。

10 数据要素市场化能带来什么价值?

数据要素市场化指的是将数据要素按照市场规律的要求,根据市场导向、流向配置到相关的行业、产业、企业,从而增加国民生产总值,并实现数据自身的生产与再生产、保值与增值的过程。这一过程的实现涉及数据资源在供需间的有序流动,并需要明确数据要素的产权、定价机制以及交易机制等。

数据要素市场化能够进一步推动数字经济与实体经济的深度融合,促进经济社会的转型与高质量发展。随着数据资源的有效流通和高效利用,数字经济新产业、新业态、新模式得以催生和推动,从而加速产业创新和升级,企业能够更精准地把握市场需求,优化资源配置,提升生产效率,从而实现产业创新和升级。

数据要素市场化还有利于提升生产效率,创造经济价值。数据要素对其他生产要素具有乘数作用，通过数据可以实现供给与需求的精准对接，创新价值链流转方式，进而放大劳动力、资本等要素在社会各行业中的价值。这有助于提升生产效率，促进经济发展。数据要素的可复制、可共享、可无限增长和供给等特性，打破了传统要素有限供给对增长的制约，为经济发展提供了新的增长点。数据要素市场的培育将全面提升数据要素的经济价值，成为助推数字经济高质量发展、培育新质生产力的新动能。

与此同时，数据要素市场化还能激发社会创新活力，提升社会治理水平。数据要素市场化能够调动社会各方面的主动性、积极性和创造性，推动社会各领域的创新活动。通过数据的开放共享和有效利用，可以激发更多的创新思维和商业模式，推动社会进步。通过挖掘和分析大数据，政府可以更加精准地制定政策、优化公共服务、提高治理效率。数据要素市场还可以为金融、医疗、教育等领域提供更加便捷、高效的服务，提升人民的生活质量和幸福感。

综上所述，数据要素市场化在推动数字经济发展、促进经济转型与高质量发展、赋能社会创新与治理等方面有其独特价值，在推进数据要素市场化的过程中，也需要关注数据隐私、数据安全与合规性等问题，确保其健康发展。

第二部分

数字化赋能产业发展

11 是否每个企业都需要数字化转型？

随着数字化时代的来临，每个企业都需要考虑数字化转型的问题，这不仅是企业发展的需要，也是历史发展的必然选择。每个企业都需要根据自身特点进行数字化转型。当然，不同企业在数字化转型需求、程度、投入上都会有所不同，这取决于多个因素，如行业、规模、业务、文化、战略、组织、人员、技术特征等。

企业数字化转型是用数字技术赋能企业更好地创造价值的活动。企业数字化转型的核心在“价值”的创造，衡量企业数字化转型的效果也是看其转型是否带来价值，而不是看使用了什么样的技术。例如，小超市上一个支付宝或微信的扫码设备就是数字化转型，大型制造企业运用人工智能设备打造了智慧工厂也是数字化转型，服装零售企业开设了无人售卖门店还是数字化转型。

因此，我们不好从技术水平、投入多少、设备或系统的复杂程度等角度来衡量一个企业的数字化转型水平，唯一的衡量标准就是转型能够给企业带来多少价值，能够解决企业多少问题和痛点。

可以看出，每个企业都需要进行数字化转型，因为数字技术的发展有助于企业解决各方面的问题，这需要企业根据自己的实际情况和未来的发展方向进行探索和创新，而不能完全照搬其他企业的做法。

另外，给企业贴上成功数字化转型的标签是很难的，因为企业的问题会不断涌现，需要不断地探索数字技术赋能方案来解决，数字化转型永远在路上。

12 智能化、智慧化和自动化有什么区别？

智能化、智慧化和自动化都是现代科技发展的重要趋势，是数字化的重要体现，但它们之间有明显的区别。

自动化是通过机械设备、计算机程序等自动化工具来替代人工完成某些任务或工作流程。自动化主要关注的是通过预设的程序和规则，使机器能够按照一定的流程进行工作，从而提高生产效率和降低成本。自动化的过程通常是确定的，有固定的输入和输出，不需要处理复杂的决策过程。

智能化是通过人工智能、机器学习等技术，使机器能够具备一定的学习和决策能力，从而自主完成一些复杂的工作任务。智能化不仅仅是使机器能够替代人工工作，更重要的是让机器能够进行自我学习和自我改进，处理复杂的决策过程。智能化可以处理不确定性，具有自适应和自我学习的能力。

智慧化是在智能化基础之上更高层次的概念，它涉及机器的自我意识和道德选择等问题。智慧化不仅仅是让机器能够完成复杂的任务，更重要的是让机器能够具备像人类一样的智慧和思维能力，能够进行自我反思和自我改进，从而实现更高水平的个性化和灵活化来处理任务。智慧化技术的最终目标是使机器具有更加智慧的决策能力，以保护人类的长期利益并合理实现机器的自我进化。

数字化应该更多地建立在智能化和智慧化的基础之上，这也是数字化时代下技术发展的重要特征，与传统其他几个时代（农业时代、工业时代、电气时代、信息时代）相比是有明显区别的。

13 智能制造如何实现？

智能制造是利用先进的数字技术，如人工智能、物联网、云计算、大数据分析等，来优化和整合制造过程，提高生产效率、质量和灵活性的一种制造模式。实现智能制造需要考虑多个方面的因素，包括技术、流程和组织架构等。实现智能制造需要在以下几个方面进行布局和优化：

物联网技术的应用。在制造过程中，通过在设备、机器和产品上安装传感器，收集实时数据，实现设备之间的互联。这有助于监测设备状态、生产进度和产品质量，为决策提供实时信息。

人工智能和机器学习。利用人工智能和机器学习算法，对制造过程中的大量数据进行学习和预测，进而优化生产计划、质量控制和供应链管理。这有助于自动化决策，并提高整个制造过程的智能化水平。

灵活的制造系统。引入灵活的生产线和制造系统，能够迅速适应市场需求的变化。这包括可配置的生产设备、柔性制造单元和自适应的生产计划系统等。

协作机器人和自动化。引入协作机器人和自动化技术，使其与人类工作者协同工作。这可以提高生产效率，减少差错，并使人类工作者能够从烦琐的任务中解放出来，更专注于创新和高价值的工作。

培训和文化转变。为员工提供相关的培训，使其适应新的技术和工作方式。同时，推动组织文化的变革，鼓励创新和持续改进。

总之，通过综合利用数字技术、设备和管理策略，企业可以逐步实现智能制造，提高生产效率、灵活性和市场竞争力。同时，通过运用系统性的综合方法，整合企业内外部技术、流程和人员，以确保整个制造生态系统的顺畅运行。

14 黑灯工厂离我们有多远?

“黑灯工厂”是一种对智能工厂或智慧工厂的形象化描述，指的是生产过程中使用先进技术、智能机器人和自动化设备，以实现高度自动化和数字化的生产模式。这样的工厂通常依赖于物联网、人工智能、大数据等技术，能够实现从原材料采购到成品制造的全过程智能化管理。也就是不用点灯，也能够照常工作。

黑灯工厂的相关技术主要体现在三个方面：首先，网络传输技术方面，例如借助5G边缘计算技术在生产线上部署网关和服务器等设备。其次，信息感知技术方面，通过采用视觉感知技术来辨识商品或生产部件的标识码，从而实现对生产信息的自动获取。最后，机器人技术方面，当前黑灯工厂普遍使用工业机械臂、码垛机器人、自动导向车（AGV）等机器人协助生产。尽管这些技术正在不断迭代更新，并在实际应用中显著提高了生产线的自动化程度，但对于黑灯工厂智能化水平的提升，还需要进一步突破。

目前，黑灯工厂在一些制造企业中已经开始实施。如格力的黑灯工厂在AI加持下实现的无人操作使精度、质量、效率得到有效提升。小米的黑灯工厂可实现全厂生产管理过程、机械加工过程和包装储运过程的全程自动化黑灯生产，效率较高。老板电器的黑灯工厂，所有点位的物料都实现了自主流转和自动预警等。

在数字化时代，传统制造业正在加速向数字化、网络化、智能化方向发展。黑灯工厂作为未来制造业的发展雏形和方向，仍然有许多需要优化改进的地方，它的落地离不开足够的数字化转型设备、设施、技术、方案等的支撑。

15 数字孪生有什么价值?

数字孪生是充分利用物理模型、传感器更新、运行历史等数据，集成多学科、多物理量、多尺度、多概率的仿真过程，从而在虚拟空间中完成映射，以反映相对应的实体装备的全生命周期过程。数字孪生被视为一个或多个重要的、彼此依赖的装备系统的数字映射系统，是一个普遍适用的理论技术体系。

数字孪生的价值主要体现在以下几个方面：

提升生产效率与便捷性。数字孪生通过设计工具、仿真工具、物联网等手段，将物理实体设备的各种属性映射到虚拟空间中，形成一个可拆解、可复制、可修改、可删除的数字镜像。这使得操作人员能够更深入地了解物理实体，提升了对物理实体的理解，从而可以使生产更便捷，创新速度更快，生产周期更短。

增强测量、分析和预测能力。利用数字孪生技术操作人员能够实时了解物体的传感数据，并借助经验模型进行预测和分析。这有助于通过机器学习计算和总结出一些原本无法测量的指标，从而极大提升对机械设备、流程的理解力以及控制和预测力。

经验数字化。在传统的工业设计、制造和服务领域，经验往往是一种模糊而难以把握的形态，很难将其作为精准判决的依据。数字孪生可以将这些经验数字化，使得决策更为精准和可靠。

城市管理优化。通过数字孪生技术构建数字城市，可以对城市的交通数据、商业数据、活动数据等进行实时分析，精准预测城市交通拥堵的关键点，进行商业流量和活动流量的分析和预警等，这对于城市建设、规划和管理运营至关重要。

行业应用广泛。数字孪生不仅适用于上述领域，还可以应用于医疗、文旅、物流、贸易、教育、科技、农业、工程、建筑、能源以及安全应急等众多行业领域，帮助各行业实现更高效、精准和可持续的发展。

综上所述，数字孪生通过集成多学科、多物理量、多尺度、多概率的仿真过程，在虚拟空间中对实体进行映射，从而反映相对应的实体装备的全生命周期过程，为各行业带来了巨大的价值。

16 元宇宙在工业领域中如何运用?

元宇宙是指人类运用数字技术构建的，由现实世界映射或超越现实世界，可与现实世界交互的虚拟世界，具备新型社会体系的数字生活空间。“元宇宙”是一个概念，其本身并不是新技术，而是集成了一大批现有技术，包括5G、云计算、人工智能、虚拟现实、区块链、数字货币、物联网、人机交互等。

元宇宙在工业领域中的运用具有广泛的前景和潜力。

生产过程的可视化与仿真模拟。通过元宇宙技术，可以将现实生产过程中的数据、图表、图像等信息进行可视化展示，使生产过程更加清晰、直观、可控。同时，元宇宙技术还可以对生产过程进行仿真模拟，从而预测和优化生产过程中可能出现的问题和风险，提前进行调整和优化，从而提高生产效率和质量。

设备维护与故障排查。通过元宇宙技术，可以对工业制造设备进行虚拟化仿真，从而实现设备的远程监控、维护和故障排查。这不仅可以提高设备的使用效率和可靠性，还可以降低维护成本，提高生产效率。

产品设计与测试。元宇宙技术为产品设计提供了全新的方式。设计师可以在元宇宙环境中进行产品的虚拟化设计和测试，从而更直观地展示产品效果，发现潜在问题，减少生产成本和风险。同时，可以打破地域限制，支持多方协同设计，甚至实现用户参与设计，提高用户体验。

智能工厂的建设与管理。通过元宇宙技术，可以将生产线上的各个节点进行数字化建模，实现生产线的仿真和优化，使生产线运行更加智能化。

远程控制与监测。元宇宙技术使得企业能够实现远程控制和监测，不仅可以节约大量的人力物力，还可以提高生产效率和产品质量。这种远程操作模式使得生产过程更加灵活和高效。

员工培训。通过元宇宙平台的沉浸式体验，学员可以实现更加直观的操作，提高教学培训效率。例如，可以在虚拟环境中搭建火灾现场，供相关人员进行演习。

此外，元宇宙还可以帮助实现智能仓储、智能物流、智能维护以及智能能源管理，全面提升工厂的运营效率和资源利用率。

总的来说，元宇宙在工业领域中的应用广泛，可以为企业提供全新的视角和解决方案。随着技术的不断进步和应用的深化，元宇宙在工业领域中的作用将越来越重要，为工业制造带来更大的价值，我们也需要不断探索更多的应用场景。

17 国家为什么要大力扶持工业机器人?

工业机器人是广泛用于工业领域的自动化和智能化设备，包括多关节机械手或多自由度的机器装置等，具有一定的自动性，可依靠自身的动力能源和控制能力实现各种工业加工制造功能。

从国家战略层面看，工业机器人集现代制造技术、新型材料技术和信息控制技术等于一体，是智能制造的代表性产品，其研发、制造、应用成为衡量一个国家科技创新和制造业水平的重要标志。大力扶持工业机器人是进行国际市场竞争，提升我国制造业全球竞争地位的关键。当前，美国、德国、日本等国家纷纷制定工业机器人的发展规划，以试图抢占先进工业机器人技术的发展先机。大力发展工业机器人对中国具有重要的战略意义，是中国高端装备制造的基础设备之一，是中国高端装备制造战略性新兴产业的重要组成部分，也是其他战略性新兴产业发展的重要基础装备，是发展新质生产力的重要内容。

从行业发展层面看，工业机器人能够提高中国工业领域的智能化和自动化水平，实现提质、降本、增效，具体来说：首先，工业机器人可以自主执行危险和重复性任务，避免了人工的受伤和疲劳，同时也可以大幅提高生产效率和质量；其次，机器人相较于人工成本较低，其保养费用相对也较低；再次，机器人能够 24 小时连续生产，降低了设备闲置时间和相关人员的支出，并且工业机器人也能在一定程度上弱化劳动力成本上升和人口老龄化带来的负面影响；最后，工业机器人能够解决一些人工解决不了的问题等。

总之，发展工业机器人不仅是国家战略，也是企业转型实现提质、降本、增效的重要手段，未来还要进行不断的优化创新和开发利用。

18 为什么要发展工业互联网？

工业互联网是新一代信息通信技术与工业经济深度融合的新型基础设施、应用模式和工业生态，可以为工业乃至产业数字化、网络化、智能化发展提供具体的实现途径，是中国迈向制造强国、网络强国的重要支撑。

从国家战略层面看，工业互联网为制造强国建设提供关键支撑。一是推动传统工业转型升级。通过跨设备、跨系统、跨厂区、跨地区的全面互联互通，让各种生产和服务资源实现更大范围、更高效率、更加精准的优化配置，实现提质、降本、增效、绿色、安全发展，推动制造业高端化、智能化、绿色化，大幅提升工业经济发展质量和效益。二是加快新兴产业培育壮大。工业互联网促进设计、生产、管理、服务等环节由单点的数字化向全面集成演进，加速创新方式、生产模式、组织形式和商业范式的深刻变革，催生平台化设计、智能化制造、网络化协同、个性化定制、服务化延伸、数字化管理等诸多新模式、新业态、新产业。

从实施落地层面看，工业互联网是网络强国建设的重要内容。一是加速网络演进升级。工业互联网是促进人与人相互连接的公众互联网，物与物相互连接的物联网，向人、机、物、系统等的全面互联拓展，大幅提升了网络设施的支撑和服务能力。二是拓展数字经济发展空间。工业互联网具有较强的渗透性，可以与交通、物流、能源、医疗、农业等实体经济各领域深度融合，实现产业链上下游、跨领域的广泛互联互通，推动网络应用从虚拟到实体、从生活到生产的科学跨越，极大地拓展了网络经济的发展空间。

同时，发展工业互联网对推动工业领域数字化转型具有重要意义：

提升生产效率与质量。工业互联网可以实时监测生产设备的运行状态和生产数据，帮助企业及时发现潜在问题和瓶颈，并进行精准的调整和优化，从而提高生产效率。同时，通过对生产环境参数和数据的实时监测，可以及时发现生产异常和质量问题，帮助企业根据数据进行改进，提升产品质量。

降低运营成本。工业互联网实现了对设备和生产过程的远程监测和控制，减少了对人力资源的依赖，降低了人力成本。此外，通过优化生产流程、减少物料浪费，还可以进一步降低运营成本。

加强供应链协同。工业互联网可以实现企业内部和供应链各环节的数据和信息互通，提升供应链协同效能。这有助于减少信息不对称和延误，优化资源配置，提高供应链的响应速度和灵活性。

支持智能决策。工业互联网将大数据分析和人工智能技术应用于生产和运营决策，为企业提供了更丰富的数据支持和决策依据。这有助于实现智能化管理和决策优化，提高企业的市场竞争力。

推动业务创新和升级。工业互联网的发展促进了工业与信息技术的深度融合，推动了产业创新和升级。通过引入新技术、新应用和新模式，工业互联网为企业带来了更多的发展机遇和增长动力。

综上所述，发展工业互联网具有重要的意义，各国政府和企业都积极投入工业互联网的发展，以抢占数字化转型和智能化升级的发展先机。

19 ChatGPT 等大模型在工业领域有什么作用?

ChatGPT 是一种基于大规模语言模型的人工智能产品，它可以通过自然语言的交互方式，理解用户的需求，并生成相应的代码、文本、图像等内容。在工业领域，ChatGPT 的应用尤为突出，它能够帮助企业提高生产效率、降低成本、优化管理，为工业发展带来新的机遇。

在智能制造方面，ChatGPT 可以应用于自动化生产线、智能工厂、工业物联网等场景。通过与机器设备交互，ChatGPT 可以帮助企业实现自动化生产流程的优化和控制，提高生产效率和产品质量。

在工业机器人管理方面，ChatGPT 可以应用于机器人编程、调度和管理等方面。通过自然语言交互，ChatGPT 可以轻松地与机器人进行沟通，实现机器人的自动化操作和故障诊断，提高机器人的工作效能和可靠性。

在工业设计方面，ChatGPT 可以应用于产品建模、虚拟仿真、可视化分析等方面。通过自然语言交互，ChatGPT 可以帮助设计师快速生成三维模型、仿真场景，提高设计效率和设计质量。

在工业安全方面，ChatGPT 可以应用于安全监测、预警和应急等方面。通过实时监测和分析数据，ChatGPT 可以及时发现安全隐患，提前预警，降低事故发生的概率，提高工业安全水平。

此外，ChatGPT 能够自动化处理大量的工业数据和信息，提取关键信息，为企业快速获取简明见解，从而提高工作效率。例如，它可以接收各种形式的工业数据，并将其转换成统一格式，便于分析和处理。

ChatGPT 还可以作为工业领域的“推理引擎”，为运营和维护人员提供快速的第二意见，帮助他们更快地做出决策。它还可以根据数据的特点和情境，进行情境化处理，使数据更加贴近实际应用。

总之，ChatGPT 等大模型在工业领域具有广泛的应用前景，能够提升生产效率、优化决策过程、推动创新，并为企业创造更多的价值。随着技术的不断进步和应用的深入，这些大模型将在工业领域发挥越来越重要的作用。

20 数字化转型有什么关键要领?

企业的数字化转型是运用数字技术（主要包括数据技术、网络技术、计算技术等）支撑（赋能）企业的全方位经营管理活动，进而更好地创造价值（经济价值和社会价值）的转型过程。企业数字化转型要考虑的问题包括以下几个方面。

战略规划与顶层设计。企业需要明确数字化转型的战略目标和愿景，并做好顶层设计，确保转型过程的有序进行。这包括制订详细的转型计划，明确转型的时间表、关键节点和责任人，以及建立相应的组织结构和保障机制。

业务与技术融合。数字化转型不仅仅是技术的升级，更是业务模式的创新。企业需要将数字化技术与业务场景深度融合，通过数据驱动业务决策，实现业务流程的优化和创新。

数据治理与安全保障。在数字化转型过程中，企业需要建立健全数据治理体系，确保数据的准确性和一致性。同时，加强数据安全防护，防止数据泄露和滥用，保障企业的信息安全。

组织变革与文化塑造。数字化转型需要企业内部的组织变革和文化塑造。企业需要建立适应数字化转型的组织结构，培养员工的数字化思维和能力，形成开放、创新、协作的企业文化。

生态合作与共创价值。数字化转型是一个开放的过程，企业需要与合作伙伴、供应商、客户等共同构建数字化生态，实现价值的共创和共享。通过开放 API、共享数据等方式，促进产业链上下游的协同创新和共同发展。

此外，数字化转型除了围绕产业领域进行赋能，还需要和地区的经济社会全面高质量发展结合起来。企业在做好数字化转型的同时，也要给地区的经济社会发展做出贡献，真正发挥出“顶天立地”的作用。

综上所述，数字化转型涵盖了战略规划与顶层设计、业务与技术融合、数据治理与安全保障、组织变革与文化塑造、生态合作与共创价值以及社会发展等多个方面，每个方面都需要考虑如何用数字技术进行有效赋能和价值创造，这就需要企业根据自己的实际情况对技术进行硬件、软件以及系统集成的开发等创新。因此，企业数字化转型的核心和关键要领是持续创新、创造价值。只有这样，才能有效推进企业的全面数字化转型，这也是发展新质生产力、推进高质量发展的必然要求。

第三部分

提高数字素养、做创新人才

21 数字人才为什么是未来国家紧缺人才?

数字经济已成为全球经济增长的重要引擎，而数字人才是推动数字经济发展的关键力量。从互联网、大数据、人工智能、云计算等技术的广泛应用，到电子商务、电子政务、智能制造、智慧城市、智慧乡村等各个领域，都需要数字人才来支撑和推动。数字人才是具有数字素养和数字技能的新型人才，是高素质的复合型人才。数字人才之所以被视为未来国家的紧缺人才，是因为他们在推动数字经济发展、推进数字中国建设、推进产业转型升级、打造现代产业体系、推进新质生产力发展、实现经济社会的全面高质量发展等方面都具有重要作用。

首先，随着数字化转型的加速推进，各行各业对数字技术的需求日益增加。数字人才具备数字化相关能力，能够将这种能力应用于工作场景，从而推动企业和行业的数字化转型。因此，数字人才在就业市场上具有极强的竞争力。

其次，数字技术的发展速度极快，新的技术和工具不断涌现。这就要求数字人才具备持续学习和适应新技术的能力，以跟上技术发展的步伐。然而，当前教育体系和培训机构的更新速度往往无法跟上技术的发展，导致数字人才的培养滞后于行业需求。同时，数字人才市场上存在着高端数字人才和基础数字人才之间的结构失衡。高端数字人才具备深厚的技术背景和经验，但他们的数量有限。而基础数字人才的数量虽然较多，但他们的技能和专业知识相对较为薄弱，无法满足复杂的数字化需求。这种人才结构的不平衡加剧了数字人才的紧缺程度。

总之，数字经济对于高端、专业、创新型的数字人才有着强烈的需求。数字化转型成为各行各业提升竞争力和效率的必然选择，为传统产业赋能和创新带来了新的机遇和挑战。数字化能力成为企业和个人提升价值和竞争力的核心要素，为就业创业和社会服务开拓了新的空间和渠道。可以看出，随着数字化时代的来临，对数字人才的需求将会持续增长，因此培养数字人才对于国家的发展至关重要。

22 提升数字素养为什么对发展新质生产力至关重要?

习近平总书记指出，“新质生产力是创新起主导作用，摆脱传统经济增长方式、生产力发展路径，具有高科技、高效能、高质量特征，符合新发展理念的先进生产力质态。它由技术革命性突破、生产要素创新性配置、产业深度转型升级而催生，以劳动者、劳动资料、劳动对象及其优化组合的跃升为基本内涵，以全要素生产率大幅提升为核心标志，特点是创新，关键在质优，本质是先进生产力”。

习近平总书记强调，“科技创新能够催生新产业、新模式、新动能，是发展新质生产力的核心要素”。新质生产力的核心是“创新引领”。在新质生产力理论的指引下，能够更好地实现创新引领和数字技术赋能下的各行各业中劳动者、劳动资料、劳动对象及其优化组合的跃升。比如，原来的普通劳动者跃升为数字素养人才来提升工作效能；原来的劳动资料（如仪器、设备、工具、管理软件等）通过科技创新与数字技术赋能跃升为功能更完善、效率更高的劳动资料助力各行业的发展和效能提升；原来的传统行业领域（劳动对象）也将在新时代的新环境下迎来新旧模式的转换，跃升为升级产业、新兴产业或未来产业。例如，在“人工智能+”等数字技术赋能下，传统的农业、工业、服务业将跃升为智慧农业、智慧工业、智慧服务业，在给人们的生产生活带来极大便利的同时也带来新的发展契机、新的经济增长点以及新的就业机会等，而极具战略发展特征的战略性新兴产业和未来产业等领域也将在新质生产力的推动下迎来新的发展机遇，成为引领中国经济增长的新的发展极。

显然，提升职工的数字素养对发展新质生产力是至关重要的。首先，数字素养提升是实现劳动者跃升的基本要求。随着数字化在各领域的快速发展，数字素养已经成为职工工作生活的必备基础技能。只有具备了相应的数字素养，才能充分理解、运用和创新数字技术，实现劳动者的跃升，推动新质生产力的发展。其次，提升数字素养是实现数据要素价值跃升、市场化配置的关键。数据要素是未来重要的劳动资料，通过职工数字素养和技能的提升，才能更好地对各行业中的数据进行采集、加工、分析、挖掘、利用，以及与其他生产要素深度融合创造价值，促进新质生产力的发展。此外，提升数字素养有助于创新驱动的实现。新质生产力以创新驱动为核心，而数字素养的提升有助于激发劳动者的创新意识和创新能力，更好地实现创新引领这一核心特征。因此，提升数字素养对于发展新质生产力具有重要意义。

23 提升数字素养要从哪些方面入手？

提升数字素养是数字化时代中至关重要的一项任务，不仅关乎个人的日常生产生活质量和工作效率，也影响到国家和社会的未来发展。

提升数字素养需要从以下几个方面入手：

培养数字意识。培养数字敏感性能力，关注数字的真伪和价值，能主动发现和利用真实、准确的数字信息，并在协同学习和工作中分享真实、科学、有效的数据，主动维护数据的安全。

强化计算思维。在面对问题时，能够主动抽象问题、分解问题，构造解决问题的模型和算法。善用迭代和优化思维，并形成高效解决同类问题的范式，从而提升解决实际问题的能力。

提升数字化学习与创新能力。在学习和生活中，积极利用丰富的数字化资源、广泛的数字化工具和泛在的数字化平台，开展探索和创新。通过实践与创新活动，掌握数字化学习技能，培养创新精神和解决问题的能力。

增强数字社会责任感。树立正确的价值观、道德观、法治观，遵循数字伦理规范。在数字活动中，既要保护自己的合法权益，又要维护国家及他人的利益，成为合格数字公民。

掌握信息安全知识和技能。了解信息安全的基本概念，学会使用安全软件、设置复杂密码等，以保护个人信息安全。同时，也要了解网络诈骗、钓鱼网站等常见网络安全风险，提高防范意识。

提高数据分析和可视化能力。学习数据分析的基本方法，理解数据可视化的原理和应用。通过实际操作，提升处理、分析、解读数据的能力，从而更好地利用数据支持决策。

培养编程思维。了解编程的基本原理和方法，掌握适当的编程语言。通过编程实践，培养解决问题的能力以及逻辑思维和计算能力。

关注数字技术和行业动态。持续关注数字技术（包括硬件技术、软件技术等）和行业的发展趋势，了解最新的数字技术和应用。通过参加研讨会、培训课程等方式，不断拓宽视野，提升数字素养。

持续创新。要在工作生活中发现问题，探索和创新问题的数字化解决方案。

24 数字化思维和习惯的核心要领是什么？

数字化思维和习惯的核心要领主要有：

数据驱动决策。数字化思维的核心是以数据为基础进行决策。这意味着需要重视数据的收集、整理和分析，通过数据洞察来指导行动和策略。在做出任何决策之前，都应该先考虑相关的数据支持，确保决策的科学性和准确性。

持续创新。数字化时代变化迅速，要求具备持续创新的思维。这包括不断探索新的硬件和软件技术、方法和模式，勇于尝试和迭代创新，以适应不断变化的环境需求，不断解决问题、创造价值。

快速学习与适应。数字化时代信息更新迅速，要求具备快速学习和适应的能力。需要不断学习新知识、掌握新技能，以适应不断变化的数字化环境。

安全与合规意识。在数字化过程中，安全和合规意识至关重要。需要遵守相关法律法规，保护用户隐私和数据安全，防范网络安全风险。

跨界融合。数字化思维要求打破传统行业、市场的界限，实现跨界融合。通过与其他行业的合作和交流，可以获取更多的资源和信息，拓展新的业务领域，实现更大的经济和社会价值。

自动化、智能化和智慧化。利用数字技术实现智能化和智慧化是数字化思维的重要体现。通过自动化可以提高工作效率，减少人为错误；通过智能化和智慧化可以提升决策水平，优化资源配置。

25 数字化时代下怎样培育和弘扬工匠精神？

数字化时代下培育和弘扬工匠精神要将传统工匠精神的精髓与数字化时代的新技术、新理念相结合，在精神态度上追求精益求精、不断创新。培育并弘扬工匠精神在数字化时代下的工作中具有重要意义，也是发展新质生产力中对劳动者跃升提出的根本要求。数字化时代下培育并弘扬工匠精神需要考虑如下方面：

传承与发扬工匠精神。强调精益求精、追求卓越等核心价值观，将其融入数字化工作实践中。弘扬创新精神，鼓励工匠在数字化领域不断探索、尝试新方法，勇于挑战传统，推动技术与工艺的创新发展。

强化数字技能培养，增加数字技能培训。开展有针对性的数字技能培训课程，涵盖数字化工具使用、数据分析、编程等技能，提升工匠在数字化领域的专业能力。鼓励跨学科学习，促进工匠在掌握数字技能的同时，学习相关领域知识，形成跨学科的知识体系，为创新提供坚实基础。

营造良好的环境氛围。建立激励机制，如设立数字化工匠奖励制度等，对在数字化创新和应用领域取得突出成绩的工匠给予表彰和奖励，激发其积极性和创造力。加强交流合作，组织数字化工匠交流活动，分享经验、互相学习，促进工匠之间的合作与共同成长。

强化实践与应用。开展实际项目，引导工匠参与数字化项目实践，将所学技能应用于实际工作中，提升工匠的实战能力。同时，注重反馈与改进，建立项目反馈机制，及时发现问题并改进，使工匠在实践中不断进步。

综上所述，数字化时代下培育并弘扬工匠精神需要从多个方面入手。通过相关措施，推动工匠精神的广泛传播和深入发展，为数字化时代下的工匠队伍建设和创新发展提供有力支持。

26 提升数字化分析和决策能力需要哪些技能?

提升数字化分析和决策能力需要的技能主要有:

数据分析技能。包括数据收集、清洗、处理、分析和可视化等方面的技能。掌握统计学、数据挖掘和机器学习等相关知识。

数据可视化技能。能够使用可视化工具(如 Tableau、Power BI、Matplotlib 等)将数据转化为图表、图形或仪表盘，以便更直观地理解数据。

数据管理技能。了解数据管理的基本原则，包括数据存储、备份、安全性和合规性等方面的知识。

编程技能。掌握对应的编程语言(如 Python、R、SQL 等)，以便进行数据分析和自动化处理。

洞察力。理解分析和决策问题的需求和背景，能够将数据分析结果转化为实际价值，并提出可行的建议和解决方案。

决策能力。能够从数据中提炼出关键见解，并做出明智的决策。这包括分析风险、制定策略和评估决策的影响等方面的能力。

沟通技能。能够清晰地向非技术人员解释数据分析结果，并有效地与团队成员和利益相关者沟通交流。

持续学习和适应能力。由于数字化领域的快速变化，需要不断学习新的工具、技术和方法，并灵活适应不断变化的需求和环境。

27 数字化沟通与协作需要处理好什么问题?

在数字化环境中，以前面对面的交流方式被电子邮件、即时消息和视频会议等新模式取代。尽管这些工具提供了便利，但也带来了一些沟通障碍。

首先，文字沟通容易存在误解，因为缺乏语气、表情和肢体语言等非语言元素，导致信息传递不清晰或被误解。其次，由于信息量庞大，人们可能会忽略重要信息，导致沟通不畅或遗漏关键内容。最后，时区差异和异地办公等因素可能导致实时交流的困难，影响团队协作和决策效率。解决这些问题的关键在于采取有效的沟通策略。团队成员需要学会明确表达意见和需求，避免歧义的产生；同时，可利用视频会议等工具进行实时交流，并制定明确的工作时间表，以便团队成员协调时区差异。

此外，数字化沟通和协作意味着信息的电子传输和存储，这就带来了信息安全和隐私泄露的风险。电子邮件、云存储和即时消息等工具可能受到黑客攻击、数据泄露或信息窃取的威胁。尤其是在处理敏感信息或个人身份信息时，需要采取额外的安全措施，以确保信息的保密性和完整性。为了解决这些问题，组织需要采取严格的信息安全政策和措施，包括加密通信、多重身份验证、访问控制和定期的安全审计等。此外，员工也需要接受相关的信息安全培训，加强对安全意识的培养并保持警惕。

数字化沟通和协作的便利性使得市场上涌现出了各种各样的沟通工具和平台，例如Slack、Microsoft Teams、Zoom等。然而，过多的工具选择可能导致沟通混乱和不一致性出现，使得团队成员难以协调和集中精力。此外，不同工具之间的集成和兼容性问题也可能导致数据孤岛和信息交流不畅。为了解决这些问题，组织需要制定明确的沟通工具策略，评估不同工具的优缺点，并选择适合团队需求的工具。同时，加强对工具的管理和对相关人员的培训，确保团队成员能够熟练使用工具，并保持信息的一致性和流畅性。

28 工作中如何挖掘有价值的数据？

工作中挖掘有价值的数据往往需要考虑以下几个方面的问题：

首先，在开始数据挖掘之前，需要明确业务需求和目标。了解业务需求或需要解决的问题和痛点，并将其转化为可以量化和分析的问题。这有助于确定需要收集的数据类型和指标，并确保数据挖掘的结果与目标的一致性。例如，如果企业想要提高销售额，可以关注用户购买行为、市场趋势和竞争对手策略等数据。

其次，明确需求之后，进行相关数据收集。这可能涉及企业内部系统、第三方数据提供商或公开数据的获取。在收集数据过程中，需要确保数据的准确性、完整性和及时性，并进行必要的数据清洗和整理，以消除错误或重复数据，使其适合进行分析。此外，还需要关注数据的隐私性和合规性，确保数据的使用符合法律法规和道德标准。

最后，选择合适的分析技术和工具挖掘数据。根据业务需求和数据特征，可以采用统计分析、数据挖掘、机器学习等技术进行数据分析和模型建立。例如，可以使用回归分析预测销售趋势，使用聚类分析识别客户群体，或使用文本挖掘分析用户评论情感等。在应用分析技术时，需要根据数据的特点和分析目的灵活地选择合适的方法，并不断优化。

29 如何用好数字化社交平台与媒体?

要用好数字化社交平台与媒体，可以考虑以下几个方面：

确定目标与策略。首先明确自己使用数字化社交平台与媒体的目的，是为了扩大影响力、推广产品、提升品牌形象，还是其他目的。然后制定相应的策略，确保自己的内容能够精准地触达目标受众。

深入了解受众。了解目标受众的特点、兴趣和需求，从而为其提供有价值的内容。通过对受众的分析，可以确定合适的传播渠道和互动方式，提高沟通效果。

选择合适的平台与媒体。根据自己的需求和受众特点，选择合适的数字化社交平台与媒体。例如，微博适合发布短新闻和进行话题讨论，微信则适合建立深度关系并提供丰富的内容。

创作高质量内容。内容的质量是吸引受众的关键。要制作有价值、有趣、有创意的内容，吸引受众的注意力并激发他们的互动欲望。同时，要注意内容的更新频率，保持一定的活跃度。

加强互动与回应。数字化社交平台与媒体注重的是双向沟通。要积极参与互动，回应受众的评论和问题，与他们建立良好的关系。通过互动，可以了解受众的反馈和需求，进一步优化自己的内容。

利用数据分析优化策略。数字化社交平台与媒体提供了丰富的数据分析工具。通过数据分析，可以了解内容的传播效果、受众的喜好和行为习惯，从而优化传播策略和内容创作。

遵守规则与伦理。在使用数字化社交平台与媒体时，要遵守平台与媒体的规则和伦理标准。避免发布违规内容或进行恶意行为，以维护良好的网络环境。

持续学习与创新。数字化社交平台与媒体的技术和模式不断更新。要保持对新技术和新模式的敏感性，持续学习并创新自己的使用方式，以适应不断变化的网络环境和实际需求。

总之，要用好数字化社交平台与媒体，需要确定目标与策略、深入了解受众、选择合适的平台与媒体、创作高质量内容、加强互动与回应、利用数据分析优化策略、遵守规则与伦理以及持续学习与创新。通过不断努力和实践，可以更好地利用数字化社交平台与媒体为个人或组织创造价值。

30 为什么要加强网络和信息安全意识、提升数字合规素养?

第一，网络和信息安全是个人安全的保障。随着数字化时代的到来，人们的生活已经与互联网紧密相连。个人信息、财产状况、社交关系等都被存储在云端，一旦遭受网络攻击或信息泄露，个人的隐私和权益将受到严重侵犯。因此，加强网络和信息安全意识，提高个人防范能力，对于保护个人安全具有重要意义。

第二，网络和信息安全关乎企业安全。企业的运营数据、客户资料、商业机密等都是企业的核心资产。如果这些信息被非法获取或篡改，将对企业的正常运营和声誉造成巨大损失。因此，加强企业员工的网络和信息安全意识，建立完善的安全管理制度，是保障企业安全的重要手段。

第三，网络和信息安全对国家安全具有

重要意义。网络空间已经成为国家竞争的新战场，网络攻击、信息泄露等行为可能对国家的政治、经济、军事、科技等领域造成严重影响。加强网络和信息安全意识，提高国家的网络安全防护能力，是维护国家主权、安全和发展利益的重要保障。

第四，加强网络和信息安全意识还有助于推动社会进步和经济发展。随着数字技术的广泛应用，网络安全已经成为经济社会发展的重要支撑。加强网络和信息安全意识，有利于推动数字技术的应用和创新，促进数字经济的健康发展。

第五，加强网络和信息安全意识也是提升职工数字合规素养的关键。提升数字合规素养需要在如下几个方面做好工作：

保护个人信息安全。随着网络的普及，个人信息安全问题日益突出。具备良好的数字合规素养，能够更好地设置账户密码，不轻易透露个人信息，以及识别网络诈骗，避免损失和风险等。

遵守数字道德规范。数字合规素养的提升有助于遵守数字道德规范、成为合格的数字公民、养成良好的数字品德，如在数字世界中友善的交往、积极参与数字空间治理、尊重他人、理解宽容等。这有助于维护一个健康、积极的网络环境。

遵守法律与伦理。在数字化时代，信息、数据的获取和使用都必须遵守相关的法律法规和伦理标准。提升数字合规素养，便于明确知道哪些行为是合法的，哪些行为可能会侵犯他人的权益，从而在行动上避免违法或不当的行为。

促进有效的数字沟通与交流。数字技术已经成为现代生活和工作的必备工具。提升数字合规素养，有助于人们更有效地利用这些工具进行沟通和交流，提高工作效率，同时避免在数字交流中出现不当或冒犯性的行为。

推动企业和社会可持续发展。对于企业而言，员工的数字合规素养直接关系到企业在数字化转型过程中的合规性和风险控制。提升员工的数字合规素养，有助于企业更好地应对数字化转型带来的挑战，实现可持续发展。

总之，加强网络和信息安全意识、提升数字合规素养具有重要意义，我们需要积极采取措施，共同维护网络空间的安全和稳定。

31 智能终端等日常数字化设备在工作中能够带来哪些价值？

智能终端等日常数字化设备在当今社会扮演着越来越重要的角色，它们不仅改变了我们的生活方式，也给诸多工作带来了价值：

提高工作效率。智能终端设备如智能手机、平板电脑等，可以随时随地处理工作事务，实现移动、远程办公。通过安装各种办公软件和应用，用户可以轻松完成文档编辑、数据分析、项目管理等任务，从而提高工作效率。

促进信息交流与协作。数字化设备如即时通信工具、在线协作平台等，可以方便团队成员之间的信息交流和协作。无论身处何地，团队成员都可以实时共享信息、讨论问题、协同完成任务，打破时间和空间的限制。

拓展业务领域。智能终端设备可以连接到互联网，获取丰富的资源和信息。企业可以利用这些设备拓展业务领域，如开展电子商务、在线教育、远程医疗、远程巡检等新型业务，满足更多客户的需求。

提升客户服务质量。通过智能终端设备，企业可以与客户保持更紧密的联系，及时了解客户的需求和反馈。企业可以利用这些设备提供个性化的服务，如定制化的产品推荐、在线客服支持等，从而提升客户服务质量。

加强数据管理与分析。智能终端设备可以收集和存储大量的数据，为企业进行数据管理和分析提供便利。通过对这些数据的挖掘和分析，企业可以发现潜在的市场机会、优化业务流程、降低运营成本等。

增强安全性与可靠性。一些智能终端设备配备了先进的安全技术和防护措施，可以保护企业的数据和信息安全。同时，这些设备还可以提供备份和恢复功能，确保数据的可靠性和完整性。

总之，智能终端等日常数字化设备在工作中能够带来诸多价值，包括提高工作效率、促进信息交流与协作、拓展业务领域、提升客户服务质量、加强数据管理与分析以及增强安全性与可靠性等。企业应充分利用这些设备，发挥其潜力，以推动业务的发展和创新。

32 怎样才能在提升数字素养中不断创新？

在提升数字素养的过程中不断创新，需要个人具备持续学习、开放思维、跨界合作以及实践探索等能力。以下是一些具体建议：

培养创新思维。首先，要培养自己的创新思维能力，勇于挑战传统观念和方法。这可以通过学习创新理论、参与创新项目实践等方式实现。尝试从不同的角度看待问题，并提出新颖的解决方案。

持续学习新技术。数字技术发展迅速，要保持对新技术的敏感度和好奇心。通过学习新技术，可以不断拓展自己的知识领域和技能范围，为持续创新提供更多的可能性。

不断实践与反思。将数字素养知识应用于企业工作实践中，通过实际操作来发现问题并寻求改进。在实践过程中，不断反思自己的方法和策略，总结经验教训，为未来的创新提供借鉴。

跨领域合作与交流。创新往往产生于不同领域的交汇点。因此，要积极参与跨领域的合作与交流，借鉴其他领域的成功经验和方法，为自己的创新提供灵感。

鼓励试错与容错。创新过程中难免会遇到失败和挫折。要鼓励自己试错，勇于承担风险，并从失败中汲取教训。同时，企业也要营造容错的环境和氛围，让团队成员敢于尝试和创新。

关注行业动态与趋势。了解数字技术和相关行业的最新动态和发展趋势，有助于把握创新的方向和机遇。通过关注行业动态，可以及时调整自己的创新方向与策略，保持创新的与时俱进。

培养团队协作精神。创新往往需要团队的共同努力。要培养团队协作精神，鼓励团队成员相互支持、合作创新。通过团队的智慧和力量，可以共同攻克难题，取得更大的创新成果。

总之，在提升数字素养中不断创新，需要培养创新思维、持续学习新技术、不断实践与反思、跨领域合作与交流、鼓励试错与容错、关注行业动态与趋势以及培养团队协作精神等。通过不断努力和实践，可以在提升数字素养的过程中实现持续创新，不断提升我们的数字素养水平。

第四部分

数字技能提升
工作效率

33 工作中有哪些常用的数字化设备、设施和系统？

在工作中，常用的数字化设备、设施和系统有很多，它们涵盖了各种不同的领域和应用场景。以下是一些常见的数字化设备、设施和系统：

数字化办公设备。如计算机、智能手机等，这些设备可以用于处理文档、数据、图像、视频等信息，提高工作效率和便利性。

数字化会议设备。如投影仪、屏幕、音响系统、视频会议设备等，这些设备可以用于远程会议、演示、培训等场景，提高沟通和协作效率。

数字化生产设备。如数控机床、机械臂、自动化生产线、机器人、增材制造设备（3D打印机）等，这些设备可以用于制造、加工、检测等生产过程，提高生产效率和产品质量。

数字化仓储设备。如RFID标签、扫描器、智能货架、分拣和搬运机器人等，这些设备可以用于仓储管理、物流跟踪等场景，提高仓储和物流效率。

数字化安全设备。如监控摄像头、报警系统、门禁系统、安防机器人等，这些设备可以用于保障安全、防止盗窃和入侵等，提高企业安全性和防范能力。

数字化管理系统。如企业资源计划系统（ERP）、客户关系管理系统（CRM）、人力资源管理系统（HRM）等，这些系统可以用于企业管理、客户关系维护、人力资源管理等场景，提高管理效率和决策能力。

除此之外，还有许多其他数字化设备、设施和系统，如数字化医疗康养设备、数字化文旅教育设备、数字化金融系统等，它们都在各自的领域中发挥着重要作用。随着技术的不断发展和应用，数字化设备、设施和系统也将不断更新和完善，为企业和社会的发展带来更多机遇和挑战。

34 用好数字化设备和系统的关键是什么?

用好数字化设备和系统的关键在于以下几个方面:

明确的目标与策略。首先，需要明确数字化设备和系统在企业或组织中的作用、定位和目标，以及它们如何支持整体战略。这有助于确保数字化设备和系统的使用与企业的管理或业务需求紧密相连，避免盲目跟风或资源浪费。

合适的设备与系统选择。根据企业的管理和业务需求以及技术能力，选择合适的数字化设备和系统。这需要考虑设备的性能、稳定性、易用性、价格等因素，以及系统的兼容性、可扩展性和安全性等方面。

培训与人员能力。确保员工具备操作和维护数字化设备和系统的能力。通过提供培训和教育，使员工熟悉设备的基本操作、系统的功能和特点，以及常见问题的解决方法。同时，鼓励员工持续学习和更新技能，以适应数字化设备和系统的不断更新和升级。

数据管理与安全。数字化设备和系统通常涉及大量数据的存储和处理。因此，需要建立完善的数据管理制度和安全措施，确保数据的准确性、完整性和安全性。这包括数据的备份、恢复、加密等操作，以及防止数据泄露和非法访问的措施。

持续优化与升级。数字化设备和系统的使用是一个持续优化的过程。需要定期评估设备和系统的性能表现，收集反馈和意见，进行必要的调整和改进。同时，关注新技术和新应用的发展，及时升级设备和系统，以保持竞争力和适应性。

整合与协同。数字化设备和系统通常需要与其他系统和工具进行集成和协同工作。因此，需要确保设备和系统之间的数据流通畅、接口兼容，实现信息的共享和协同处理。这有助于提高整体工作效率和减少信息孤岛。

综上所述，用好数字化设备和系统的关键在于明确目标、选择合适的设备和系统、培训人员、管理数据与安全、持续优化与升级以及实现整合与协同等。这些方面相互关联、相互影响，共同构成了数字化设备和系统使用的完整框架。

35 工作中有哪些主要数据需要关注和准确记录?

在工作中，职工应培养积极关注和主动记录重要数据的习惯以确保业务运行的顺畅、合规和高效。以下是一些常见且重要的数据类型，这些数据类型可能因行业和岗位的不同而有所差异：

业务数据。如销售额、订单量、退货率等数据，用于评估业务表现和市场趋势；库存量、进货量、周转率等数据，用于管理供应链和库存水平。

客户数据。如客户信息，包括姓名、联系方式、地址等数据；客户购买历史、偏好和反馈等数据，用于分析客户需求和市场变化。

财务数据。如收支明细、成本分析、利润报表等数据，用于监控公司财务状况；预算执行情况、资金流动情况等数据，用于规划和管理公司财务等。

员工数据。如员工个人信息、入职离职情况、岗位变动等数据；员工绩效、培训记录、考勤情况等数据，用于评估员工表现和制定人力资源管理策略。

项目数据。如项目进度、里程碑完成情况、资源分配等数据，用于监控项目执行情况；项目风险、问题和解决方案等数据，用于保障项目顺利推进。

网络和数据安全数据。如网络访问记录、安全事件日志等数据，用于监控网络安全和识别潜在威胁；数据备份和恢复情况、数据加密状态等数据，确保数据的安全性和完整性。

市场调研数据。如竞争对手情况、市场趋势分析、行业报告等数据，用于指导业务决策和战略规划。

此外，在记录和关注这些数据时，还需要注意以下几点：

准确性。确保数据的来源可靠、记录无误，避免因数据错误导致决策失误。

及时性。定期更新数据，确保信息的实时性和有效性。

保密性。对于涉及个人隐私和公司机密的数据，要严格保密，防止信息泄露。

合规性。在记录和处理数据时，要遵守相关法律法规和行业规范，确保数据的合规性。

总之，根据具体的工作内容和业务需求，职工可能需要关注并记录更多的数据类型。通过合理的数据管理和分析，可以提高工作效率、优化业务流程、降低风险，并为公司的发展提供有力支持。

36 实现跨部门数据协同的核心要领是什么?

实现跨部门数据协同的核心要领分六个方面。

第一，实现跨部门数据协同的关键是明确业务数据的价值和用途。了解不同业务部门的数据需求和目标，有助于找出数据协同和整合的关键点。通过明确数据的价值和用途，可以推动业务部门之间的合作和数据共享，确保数据能够真正为业务决策和运营提供支持。

第二，建立统一的数据标准和规范至关重要。在实现跨部门数据协同和整合过程中，确保数据的一致性和准确性是基本要求。通过制定统一的数据格式、命名规则和数据质量要求等标准和规范，不同业务部门之间可以更好地理解和使用数据，减少沟通障碍和误解。

第三，选择合适的数据集成和整合技术是实现跨部门数据协同的重要手段。根据业务需求和现有系统架构，可以选择数据处理流程（ETL）工具、应用程序编程接口（API）、数据中台等技术手段，将不同业务部门的数据整合到一个中央平台上。这样可以实现数据的统一管理和访问，促进数据在不同部门之间的流通和共享。

第四，跨部门的沟通和协作机制也必不可少。定期的会议、沟通和协作可以促进不同业务部门之间的合作和共享，确保数据协同的顺利进行。

第五，建立一个专门的数据团队或中台团队，负责数据协同和整合的规划和执行，可以确保整个过程的顺利进行，并及时解决出现的问题。

第六，优化数据共享环境、完善数据治理机制也是实现跨部门数据协同的关键。提升数据共享环境的应对能力，确保共享环境的协同性，有助于消除数据共享的障碍。同时，通过完善利益协调机制、构建信任关系以及引入市场逻辑和价值机制，可以进一步推动跨部门数据协同的实现。

综上所述，实现跨部门数据协同需要明确数据价值、建立统一标准、选择合适的技术手段、建立沟通协作机制、建立专门的数据团队以及优化数据共享环境等多个方面的综合努力。这些核心要领共同构成了实现跨部门数据协同的基础和保障。

37 如何与供应商或客户数据共享？

与供应商或客户进行数据共享时，需要遵循一系列关键步骤和原则，以确保数据的安全性、准确性和高效性。

第一，要明确与供应商或客户共享数据的目标和范围。这包括确定需要共享哪些数据、共享数据的用途以及数据共享的期限。通过明确目标和范围，可以为后续的数据共享活动提供清晰的指导。

第二，需要与供应商或客户协商并制定数据共享协议，明确双方的权利和义务。明确协议中应包含的数据保密条款、数据使用限制、数据质量和准确性要求等内容，以确保数据在共享过程中的安全性和合规性。

第三，根据实际需求，选择适当的数据共享方式。这包括通过应用程序编程接口（API）进行实时数据交换、使用共享数据库或云平台进行数据存储和访问，或者定期通过电子邮件或文件传输等方式共享数据。在选择共享方式时，需要考虑到数据的敏感性、传输速度、安全性等因素。

第四，在共享数据之前，还应对数据进行清洗、整理和验证，确保数据的准确性和一致性。同时，建立数据质量监控机制，定期对共享数据进行检查和更新，以保持数据的准确性和完整性。

第五，在数据共享过程中，还要加强数据安全管理。如采用加密技术、访问控制、数据备份等措施，确保数据在传输、存储和使用过程中的安全性，并对参与数据共享的人员进行安全教育和培训，提高他们的安全意识。

第六，共享中还应与供应商或客户建立有效的反馈和沟通机制，及时了解他们在数据使用过程中的问题和需求。通过定期沟通、会议或在线协作工具等方式，保持信息的畅通和共享，以便及时解决问题并优化数据共享流程。

第七，要注意对数据共享过程进行持续监控，评估数据共享的效率和效果。根据评估结果，及时调整和优化数据共享策略，提高数据共享的效率和准确性。

38 怎样通过数字化预警应对突发情况？

通过数字化预警应对突发情况，需要构建一个高效、准确且响应迅速的系统。以下是一些关键步骤和策略：

建立数字化预警系统。首先，需要建立一个全面的数字化预警系统，该系统能够整合多个来源的数据，包括传感器、摄像头、网络、社交媒体等，以便实时监测和分析可能引发突发情况的因素。

数据收集与分析。系统需要能够实时收集数据，并利用先进的算法进行深度分析，以识别出潜在的风险点和异常情况。这些数据可以是关于政治、经济、社会、技术、自然灾害、天气变化、交通状况、人群行为模式等多种信息数据。

设定预警阈值。基于历史数据和专家知识，为不同的风险点设定预警阈值。一旦实时数据超过这些阈值，系统应自动触发预警机制。

多渠道预警发布。预警信息应通过多种渠道迅速发布，包括手机短信、电子邮件、社交媒体、公共显示屏等，确保相关人员和公众能够及时了解并采取相应的应对措施。

应急预案制定。针对不同类型和级别的突发情况，应提前制定详细的应急预案。这些预案应明确各部门的职责、应急资源的调配、人员疏散路线等关键信息。

模拟演练与培训。定期组织模拟演练，以检验预警系统的有效性和应急预案的可行性。同时，对相关人员进行培训，提高他们的应急响应能力和安全意识。

持续优化与改进。根据实际情况和演练结果，不断优化预警系统的算法和参数，提高预警的准确性、时效性和智能性。同时，根据新的风险点和挑战，不断完善和更新应急预案。

39 数字化如何赋能流程优化？

数字化转型的主要作用之一就是流程优化，这对企业而言至关重要。

首先，通过数字技术赋能能够实现数据的快速采集、处理和分析，从而精确反映业务流程中的实际情况。通过大数据分析，企业可以深入了解业务运行的瓶颈和问题所在，为流程优化提供有力的数据支持。

其次，数字技术可以推动业务流程的自动化和智能化。例如，通过应用人工智能、大模型和机器学习技术，可以实现自动化决策、智能预测和自动执行等功能，减少人为干预，提高工作效率。

再次，数字化平台可以实现信息的实时共享和协同。不同部门和团队之间可以通过数字化平台实时交流、共享数据和资源，打破信息孤岛，提高协作效率。

最后，数字技术还可以帮助企业建立灵

活可变的流程管理体系。通过应用云计算、微服务等技术，企业可以快速构建和调整业务流程，适应市场变化和客户的个性化服务需求。

总体来说，数字化赋能流程优化可以应用于企业的各个环节。例如，在供应链管理方面，通过应用物联网技术，可以实时追踪物料和产品的流向，优化库存管理和物流配送；在客户服务方面，通过应用社交媒体和在线渠道，可以快速响应客户需求，提高客户满意度；在人力资源管理方面，通过应用数字化招聘和绩效管理系统，可以提高招聘效率和员工绩效管理水平等。

总之，数字化为企业的流程优化提供了强大的赋能作用。

40 产品开发和设计的数字化如何实现?

产品开发和设计的数字化实现主要依赖于一系列先进的技术和工具，这些技术和工具能够帮助设计师和开发者在产品的整个生命周期中实现更高效、更精确的工作。以下是一些关键的步骤和策略：

采用数字化设计工具。如利用CAD（计算机辅助设计）、CAE（计算机辅助工程）、CAM（计算机辅助制造）等数字化设计工具，设计师可以创建和修改产品的3D模型，进行模拟分析以及优化设计方案。这些工具不仅可以提高设计效率，还可以减少对物理原型的需求，降低开发成本。

实施数字化仿真。在产品开发的早期阶段，通过数字化仿真技术对产品进行性能预测和评估，可以在不制造实际产品的情况下，发现潜在的设计问题并进行修正。这有助于减少后期修改和返工的可能性，缩短产品开发周期。

引入数字化制造设备和技术。利用数控机床、机器人、3D 打印等数字化制造设备，可以精确地制造出符合设计要求的产品。同时，通过物联网、云计算等技术，可以实时监控生产线的运行状态，实现生产过程的自动化和智能化。

实现数据集成与共享。通过建立统一的产品数据管理系统，可以将设计、仿真、制造等环节的数据进行集成和共享。这有助于团队成员之间的协作和沟通，提高工作效率，同时也有助于企业对产品进行持续改进和优化。

培养数字化人才。实现产品开发和设计的数字化，需要有一支具备数字化技能和思维的人才队伍。因此，企业需要加强对员工的数字化培训和教育，提高他们的数字化素养和能力。

41 数字化采购和数字化招投标需要注意什么？

做好数字化采购与数字化招投标，需要注意以下几个方面：

首先，做好数字化采购需要注意的事项主要有：

建立数字化采购平台。采用先进的数字化采购系统，实现采购流程的自动化和智能化。这有助于提高采购效率，降低采购成本，并减少人为错误。

明确采购需求。清晰定义采购目标，包括所需商品或服务的种类、数量、质量要求以及预算等。这有助于在后续的采购过程中保持明确的方向。

选择合适的供应商。通过市场调查和比较，筛选出具有良好信誉和优质服务的供应商。这需要考虑供应商的数字化能力、行业经验以及性价比等因素。

加强合同管理。数字化采购涉及电子合同的签订和执行。要确保合同内容的完整性和准确性，明确双方的权利和义务，并加强合同履行的监督和管理。

保障信息安全。在数字化采购过程中，要采取必要的安全措施，保证采购信息的安全和保密。避免信息泄露和非法获取，确保采购活动的顺利进行。

其次，做好数字化招投标需要注意的事项主要有：

充分准备。在参与数字化招投标前，应深入研究招标文件，了解招标要求和条件。准备好所有必要的资料和文件，确保投标信息的准确性和完整性。

选择合适的平台。选择稳定、可靠、功能完善的数字化招投标平台。确保平台的合规性和安全性，避免使用非法或不合规的平台。

遵循规范流程。严格遵守招投标相关法律法规和平台规定。遵循规范的流程进行操作，确保招投标活动的合法性和公正性。

策略制定与执行。根据自身的实力和市场需求，制定有针对性的竞标策略。在投标过程中，灵活调整策略，确保能够最大限度地满足招标方的需求。

加强沟通与协作。加强与招标方的沟通，及时了解招标方的需求和反馈。与团队成员保持良好的协作，确保投标工作的顺利进行。

综上所述，做好数字化采购与数字化招投标需要综合考虑多方面因素。通过不断努力和实践，可以提高数字化采购与数字化招投标的效率和成功率。

42 生产数字化的核心要领是什么？

做好生产的数字化，需要关注如下问题：

首先，需要运用数字技术，如人工智能、大数据等，将传统的生产过程转化为可度量的数据。通过对产品信息、工艺信息和资源信息进行分析、规划和重组，建立适当的数字化模型。对于工业生产而言，这意味着通过数字科技对工业生产线、运营管理及物流体系进行智能化重组，进而建立高度机械化和自动化的生产体系。对于农业而言，这包括运用计算机网络、智能设备、边缘计算等技术，发展智慧农业，建立农业产业互联网。

其次，生产数字化强调战略与组织能力的协同。为了确保数字化转型战略的有效执行，需要匹配相应的组织能力和人员管理能力。此外，生产数字化能力建设也是关键，包括建立数据采集系统，将生产过程中的各类数据全部数字化采集，并建立数字化管理平台，实现生产过程的数字化监测、分析和管理。

再次，数字化转型价值闭环是生产数字化的另一个核心。这包括利用物联网技术实现产品的智能化管理，通过数据采集和数据分析来优化工艺流程和设备运行状态，以及利用人工智能技术对产品进行故障预测、分析并自动处理故障问题等。同时，也要关注如何利用云计算、大数据、人工智能等技术来提高企业的敏捷性和柔性生产能力。

最后，生产数字化需要利用新技术（如先进的设计软件、3D 打印等）实现产品设计和功能的仿真以及原型的开发和预制造，进而快速生产出达到用户要求的产品。这意味着在数字化技术和制造技术的融合下，根据用户的需求，迅速收集资源信息，进行产品信息的分析和规划，从而实现对整个制造过程的数字化控制和管理。

43 智慧物流需要关注什么问题？

做好智慧物流需要关注如下几个方面的问题：

基础设施建设。智慧物流需要完善的基础设施支持，包括交通网络、仓储设施、信息化平台等。政府和企业应加大投入，提升基础设施的质量和覆盖范围，为智慧物流的发展提供有力保障。

技术标准与互操作性。智慧物流涉及多种技术和设备，如物联网、大数据、人工智能等，因此需要制定统一的技术标准和规范，以确保不同设备和系统之间的互操作性，实现信息的无缝流动。

客户需求与个性化服务。智慧物流应关注客户需求，提供个性化的物流服务。这需要根据客户的特定需求定制物流解决方案，提高服务质量和客户满意度。

数据安全与隐私保护。智慧物流涉及大量数据的采集、分析和共享，因此必须确保数据的安全性和隐私保护，防止数据泄露和滥用。这需要对数据进行加密处理，建立严格的数据访问权限和审计机制，以及加强网络安全防护等。

跨界融合与协同创新。智慧物流是一个跨界的领域，需要不同行业、不同领域的企业和机构进行深度合作和协同创新。政府应提供政策支持和协调机制，促进各方之间的合作与交流，共同推动智慧物流的发展。

人才培养与引进。智慧物流的发展需要大量具备相关技术和管理能力的人才。因此，应加强人才培养和引进工作，建立完善的教育培训体系，吸引更多优秀人才投身于智慧物流事业。

可持续发展。在追求效率和效益的同时，智慧物流也应注重可持续发展，减少对环境的影响。例如，通过优化运输路线和方式，降低能耗和排放；通过循环利用包装材料，减少资源浪费等。

44 数字化库存和仓储管理的关键要领是什么?

做好数字化库存和仓储管理，需要关注如下问题：

数据集成与实时更新。通过采用先进的数字技术，如二维码、标识码、射频识别（RFID）、物联网等技术，实现仓库内所有物料、设备、资源等信息的实时采集和更新。确保库存数据的准确性和实时性，避免数据延迟或错误导致的决策失误。

自动化与智能化管理。借助自动化设备和智能算法，实现仓库作业的自动化和智能化。例如，利用智能设备、智能机器人等进行货物搬运、分拣和打包等工作，通过智能算法优化货物存储和取货路径，提高作业效率。

库存预警与预测。通过对库存数据的实时分析，设定合理的库存预警机制，当库存量低于或高于预设阈值时，系统自动发出预警，提醒管理人员及时采取措施。同时，利用大数据和人工智能等技术，对库存需求进行预测，指导采购和补货决策，避免库存积压或缺货现象。

可视化管理与决策支持。通过数字化平台和可视化设备［如显示屏、虚拟现实（VR）设备、增强现实（AR）设备等］，实现仓库作业的可视化管理，管理人员可以实时查看仓库内货物的存储状态、作业进度等信息。同时，利用数据分析工具，对仓库运营数据进行深入挖掘和分析，为决策提供有力支持。

流程优化与协同管理。通过数字化手段，对仓库管理流程进行优化和重构，消除不必要的环节和浪费。同时，加强与其他部门的协同管理，如采购、销售、生产等部门，实现信息的共享和资源的优化配置。

安全与合规性保障。在数字化库存和仓储管理中，需要严格遵守相关法律法规和标准，确保数据安全、隐私保护和合规性。如采用加密技术、权限管理等手段，保障数据的安全性。同时，还需要对仓库作业进行规范化管理，确保符合相关标准和要求。

45 如何做好数字营销?

要做好数字营销，可以从以下几个方面入手：

明确目标。 在开始数字营销之前，要明确营销目标，如提高品牌知名度、增加销售额、扩大市场份额等。这样有助于制定更具针对性的营销策略和评估营销效果。

了解受众。 深入了解目标受众的需求、兴趣和行为特点，以便制定更加符合需求的营销策略。可以通过市场调研、数据分析等方式获取这些信息。

制定策略。 根据目标受众的特点和营销目标，制定具体的数字营销策略。可能包括搜索引擎优化（SEO）、搜索引擎营销（SEM）、社交媒体营销、电子邮件营销、内容营销等多种手段。同时，要确保各种策略之间的协同和互补，形成合力。

创意内容。 制作高质量、有趣、有吸引力的内容，以吸引和留住目标受众。内容形式可以多样化，如活动、节目、文章、视频、图片、音频等。同时，要确保内容与品牌形象和营销策略相符。

优化渠道。选择合适的数字营销渠道，如电商平台、社交媒体平台、搜索引擎、电子邮件等，并根据渠道特点进行优化。例如，在社交媒体平台上发布有趣、互动性强的内容，提高品牌曝光度和用户参与度。

数据分析。对数字营销活动进行持续的数据监测和动态分析，了解活动效果、用户反馈等信息。根据数据分析结果，及时调整和优化营销策略，提高营销效果。

遵守法规。在数字营销过程中，要遵守相关法律法规和行业规定，确保营销活动的合规性。同时，要尊重用户隐私和确保数据安全，保护用户权益。

总之，做好数字营销需要综合考虑目标、受众、策略、内容、渠道、数据分析和法规遵守等多个方面。通过不断优化和调整，可以实现更好的营销效果，提升品牌价值和市场竞争力。

46 怎样用好财会机器人（RPA）并做好数字化审计？

用好财会机器人（RPA）并做好数字化审计，可以从以下三个方面入手：

首先，用好财会机器人需要考虑如下问题：

明确应用目标。首先，要明确 RPA 在财会领域的应用目标，如提高数据处理效率、优化财务流程、降低人力成本等。

选择合适的 RPA 产品。根据企业的实际需求，选择功能齐全、易于集成、操作简便、成本合理、质量可靠的 RPA 产品。

培训与部署。对财务人员进行 RPA 操作培训，确保他们能够熟练掌握并应用 RPA 进行日常工作。同时，合理部署 RPA，确保其在财会领域的广泛应用。

持续优化与更新。随着企业财务需求的变化，要定期对 RPA 进行优化和更新，以满足新的业务需求。

其次，做好数字化审计需要关注如下问题：

建立数字化审计框架。明确数字化审计的目标、范围、方法和流程，确保审计工作的规范性和有效性。

数据收集与处理。利用 RPA 收集和处理财务数据，提高数据准确性和处理效率。同时，确保数据的完整性和可追溯性，为审计工作提供有力支持。

审计规则与模型建立。根据审计事项、内容和程序，提炼审计规则并建立审计模型。这有助于快速识别潜在风险和问题，提高审计效率。

开展数字化审计项目。结合企业实际情况，有针对性地开展数字化审计项目。通过部门配合和联合开展的方式，确保审计工作的全面性和深入性。

审计结果分析与报告。对数字化审计结果进行深入分析，识别潜在风险和问题，并提出改进建议。同时，编制审计报告，向管理层和相关部门报告审计结果。

最后，用好财会机器人并做好数字化审计，需要加强安全与风险管理：

保障数据安全。在利用RPA和数字化审计过程中，要加强数据安全管理，防止数据泄露和滥用。

防范财务风险。RPA和数字化审计有助于识别和防范财务风险。企业应充分利用这些工具，加强财务风险监测和预警。

综上所述，用好财会机器人（RPA）并做好数字化审计，需要明确应用目标和实施方法，加强培训与部署，持续优化与更新RPA产品，并建立完善的数字化审计框架和流程。同时，注重数据安全和风险管理，确保财务工作的稳健运行。

47 进行数字化管控必须做好哪些事情?

进行数字化管控是一个复杂且多方面的任务，它涉及组织内部的多个层面和流程。为了确保数字化管控的有效实施，以下是一些必须做好的关键事情：

明确数字化战略与目标。清晰定义数字化管控的目标和预期成果，确保所有相关人员对目标有共同的理解。制定详细的数字化战略，包括具体的实施步骤、时间表和责任人。

评估现有流程与基础设施。对现有的业务流程和数字化基础设施进行全面评估，识别出需要改进和优化的环节。分析现有的数字化系统和数据管理能力，确定是否需要进行升级或替换。

建立数字化平台与工具。选择适合组织需求的数字化平台和工具，如企业资源计划（ERP）系统、客户关系管理（CRM）系统、供应链管理（SCM）系统、人力资源管理（HRM）系统、项目管理信息系统（PMIS）、数据分析和决策支持系统（DADSS）、办公自动化（OA）系统、制造执行系统（MES）、财务管理系统（FMS）和商业智能（BI）系统等，并进行必要的改造与革新。确保这些平台和工具能够有效地集成和协同工作，实现数据的实时共享和更新。

强化数据管理与分析。制定完善的数据管理制度，包括数据采集、存储、处理和分析的标准流程。利用数据分析技术挖掘数据中的有价值信息，为决策提供数据支持。

优化业务流程与决策。利用数字技术优化业务流程，提高工作效率和质量。通过数据分析支持决策过程，确保决策的科学性和准确性。

加强人员培训与文化建设。对员工进行数字化管控相关的培训，提高他们的数字素养和技能。营造积极的数字化文化氛围，鼓励员工主动拥抱数字化变革。

确保信息安全与合规性。制定严格的信息安全管理制度，保护组织的敏感信息和数据资产。确保数字化管控工作符合相关法律法规的要求，避免法律风险。

建立持续改进机制。定期对数字化管控工作进行评估和反馈，识别存在的问题和不足之处。根据评估结果制定改进措施，持续优化数字化管控体系。

综上所述，进行数字化管控需要做好多个方面的工作，包括明确战略与目标、评估现有流程与基础设施、建立数字化平台与工具、强化数据管理与分析、优化业务流程与决策、加强人员培训与文化建设、确保信息安全与合规性以及建立持续改进机制等。这些工作相互关联、相互影响，需要组织内部多个部门的协同配合和共同努力。

48 数字化办公（OA）系统会带来什么价值？

数字化办公（OA）系统可以为企业和组织带来多方面的价值，具体体现在以下几个方面：

提高工作效率。OA 系统通过自动化流程、在线协作和即时通信等功能，减少了手动操作和等待时间，从而提高了工作效率。员工可以更快地处理文件、审批项目以及与其他部门或团队成员沟通，使工作变得更加高效和便捷。

降低运营成本。OA 系统实现了无纸化办公，减少了打印、复印和邮寄等成本。同时，通过优化流程和管理，减少了浪费和重复劳动，进一步降低了企业和组织的运营成本。

优化资源配置。OA 系统可以帮助企业或组织更好地管理资源，包括人力资源、物资资源、资金资源、数据资源以及知识、技能等无形资源。通过系统化管理，企业可以更加清晰地了解资源的分布和使用情况，从而进行更加合理的资源配置和利用。

加强信息沟通与协作。OA 系统可以提供多种沟通工具，如即时通信、邮件、论坛等，使得员工之间的信息沟通更加便捷和高效。同时，通过在线协作功能，不同部门和团队可以更加紧密地合作，共同完成任务。

提升企业形象与竞争力。采用先进的 OA 系统可以提升企业的形象和声誉，表明企业注重信息化建设和现代化管理。同时，通过优化流程和提高工作效率，企业可以更快地响应市场变化和客户需求，从而提升竞争力。

强化决策支持。OA 系统通过收集和分析各种数据，为企业决策提供了有力的支持。企业可以更加便利、清晰地了解环境状况、业务状况和市场趋势，从而做出更加明智的决策。

增强企业安全性。OA 系统通常具有严格的安全措施，如数据加密、权限管理等，确保企业数据的安全性和保密性。这有助于防止数据泄露和非法访问，保护企业和员工的核心利益。

综上所述，数字化办公（OA）系统为企业带来了诸多价值，有助于提高工作效率、降低运营成本、优化资源配置、加强信息沟通与协作、提升企业形象与竞争力、强化决策支持以及增强企业安全性等。因此，越来越多的企业开始采用OA系统来推动企业的数字化转型和升级。

49 数字化在企业文化建设中发挥哪些重要作用？

随着数字技术的发展，数字化在企业文化建设中扮演着越来越重要的角色，发挥着重要的作用，可以体现在如下方面：

首先，数字化为企业文化建设提供了创新的手段和平台。通过运用数字技术和工具，企业可以构建更加生动、有趣且富有互动性的企业文化展示和传播方式，如线上文化平台、虚拟现实体验等，从而更加吸引员工的注意力，提升他们对企业文化的认同感和归属感。

其次，数字化有助于提升企业文化建设的效率和效果。借助大数据、人工智能等技术，企业可以更加精准地分析员工的需求和偏好，制定更加符合员工实际诉求的企业文化内容和形式。同时，数字化工具还可以实现企业文化建设的自动化、智能化和智慧化，并且减轻人工负担，提高工作效率。

再次，数字化还为企业文化的传播和推广提供了更广阔的空间。通过社交媒体、网络论坛等渠道，企业可以将自身的企业文化传播到更广泛的受众中，提升企业的知名度和影响力。同时，数字化还可以实现企业文化的即时更新和动态调整，使其更加符合时代发展和企业实际需求。

最后，数字化有助于塑造企业独特的文化特色。通过运用数字技术和创意手段，企业可以更加便利地打造出具有自身特色的企业文化形象和品牌，增强企业的独特性和辨识度。

综上所述，数字化在企业文化建设中发挥着重要作用，有助于提升企业文化建设的质量和效果，推动企业的持续发展和创新。因此，企业在推进文化建设时，应充分考虑数字技术的应用和发展趋势，积极探索和实践数字化与企业文化建设的深度融合。

50 实现数字化人员管理的关键是什么？

实现数字化人员管理的关键在于以下五个方面：

第一，要明确数字化战略与目标。企业需要清晰地定义数字化人员管理的目标和预期成果，确保所有相关人员对目标有共同的理解。这涉及对人员管理的全面规划，包括人力资源规划、招聘、培训、绩效管理等各个环节的数字化转型。

第二，建立完善的数字化平台与工具是实现数字化人员管理的基石。企业需要选择适合自身需求的数字化人员管理平台和工具，如人力资源管理（HRM）系统、招聘管理系统、在线学习平台等，并确保这些平台和工具能够有效地集成和协同工作。这些工具不仅能够帮助企业实现数据的实时共享和更新，还能够提高人力资源管理的效率和准确性。

第三，数据管理与分析是数字化人员管

理的核心。企业需要制定完善的人员数据管理制度，包括数据采集、存储、处理和分析的标准流程。通过数据分析技术，企业可以深入了解员工的行为、绩效和需求，为决策提供数据支持。例如，通过分析员工的绩效数据，企业可以识别出高绩效员工和低绩效员工，从而制订更加精准的激励和培训计划。

第四，优化业务流程与决策机制也是实现数字化人员管理的重要一环。数字化技术可以帮助企业优化人力资源管理流程，提高工作效率。同时，通过数据分析支持决策过程，企业可以做出更加科学、合理的决策。例如，在招聘过程中，企业可以利用数据分析技术来评估候选人的匹配度，提高招聘的准确性和效率。

第五，加强人员培训与文化建设是实现数字化人员管理的保障。企业需要对员工进行数字化人员管理的相关培训，提高他们的数字素养和技能。同时，营造积极的数字化文化氛围，鼓励员工主动拥抱数字化变革，这也是至关重要的。

综上所述，实现数字化人员管理的关键在于明确数字化战略与目标、建立完善的数字化平台与工具、加强数据管理与分析、优化业务流程与决策机制以及加强人员培训与文化建设等。这些关键要素相互关联、相互影响，共同构成了数字化人员管理的核心框架。

后　记

为了提升职工的数字素养，培育适应中国经济建设的数字化人才，我们编写了《职工数字素养提升50问》。该书从“认识数字化与数字技术”“数字化赋能产业发展”“提高数字素养、做创新人才”“数字技能提升工作效率”四个关联方面入手，对职工需要了解和掌握的基本数字素养知识和技能问题进行了阐述。这本书的出版，有利于职工认识数字经济发展和数字化转型的必要性、认识和把握关键数字技术、提升数字技能、改进工作效率和效果，更好地将对职工的数字素养培育转化为把握数字化发展新机遇、拓展经济发展新空间的强大力量，不断做强做优做大中国数字经济、提升新质生产力、推进高质量发展。

在本书的编写过程中，感谢中国人民大学中国企业创新发展研究中心李民、锁立赛、王墨竹、许灵靖元、单子郁、李鸿民、高楚童、邵语晨、孙紫璇等老师和同学所做出的贡献。

感谢中国工人出版社对本书出版给予的大力支持。

中国人民大学中国企业创新发展研究中心

中国人民大学国企改革与发展研究中心

数字经济产业创新研究院

2024 年 3 月